Surmonter l'auto-sabotage et réussir

Briser les croyances limitantes

ESPERANZA CAYA

Tous les droits sont réservés. Aucune partie de cette publication ne peut être reproduite, distribuée ou transmise sous quelque forme ou par quelque moyen que ce soit, y compris la photocopie, l'enregistrement ou d'autres méthodes électroniques ou mécaniques, sans l'autorisation écrite préalable de l'éditeur, sauf dans le cas de brèves citations incorporées dans les revues critiques et certaines autres utilisations non commerciales autorisées par la loi sur le droit d'auteur. Copyright © Esperanza Caya, 2023

TABLE DES MATIÈRES

INTRODUCTION
Chapitre 1 : Comprendre l'auto-sabotage
Chapitre 2 : Identifier les croyances limitantes
Chapitre 3 : Remettre en question les croyances limitantes
Chapitre 4 : Surmonter la peur et la procrastination
Chapitre 5 : Développer l'auto-compassion
Chapitre 6 : Cultiver la résilience et la persévérance
Chapitre 7 : Créer un environnement favorable
Chapitre 8 : Maintenir les progrès et aller de l'avant
Conclusion

INTRODUCTION

Adam avait toujours lutté contre l'auto-sabotage. Il commençait des projets avec enthousiasme mais perdait rapidement tout intérêt et abandonnait avant qu'ils ne soient terminés. Il se fixait des objectifs ambitieux mais trouvait des excuses pour ne pas y travailler. En conséquence, il avait été coincé dans le même travail pendant des années, se sentant insatisfait et frustré.

Un jour, Adam est tombé sur un livre intitulé « Surmonter l'auto-sabotage et atteindre le succès : briser les croyances limitantes ». Intrigué, il décide de tenter sa chance. En lisant le livre, il s'est rendu compte que son comportement d'auto-sabotage était enraciné dans ses croyances limitantes. Il s'était dit qu'il n'était pas assez bon, que le succès n'était que pour les autres et qu'il était voué à l'échec. Ces croyances étaient devenues si ancrées qu'il ne les reconnaissait même pas comme des croyances, mais plutôt comme des vérités.

Le livre a fourni à Adam une approche étape par étape pour identifier et remettre en question ses croyances limitantes. Il a appris à remplacer son discours intérieur négatif par des affirmations positives, à visualiser le succès et à agir pour atteindre ses objectifs. Il a commencé à se fixer des objectifs réalisables et à célébrer ses petits succès en cours de route.

Alors qu'il continuait à appliquer les techniques décrites dans le livre, Adam a remarqué un changement significatif dans son comportement. Il était plus motivé, concentré et déterminé. Il n'a plus fait d'excuses ou a abandonné facilement. Au lieu de cela, il a persévéré à travers les défis et les revers, sachant qu'ils faisaient partie intégrante du cheminement vers le succès.

Finalement, Adam a décroché un nouvel emploi qu'il aimait, qui correspondait à ses passions et à ses valeurs. Il a également lancé une entreprise parallèle, qu'il avait toujours rêvé de faire mais qu'il n'avait jamais cru pouvoir. Ses relations se sont également améliorées, car il a appris à communiquer plus efficacement et à établir des limites saines.

Avec le recul, Adam s'est rendu compte que la lecture de « Surmonter l'auto-sabotage et atteindre le succès » était un tournant dans sa vie. Cela lui a donné les outils dont il avait besoin pour se libérer de ses croyances limitantes et poursuivre ses rêves avec confiance. Aujourd'hui, il est reconnaissant des leçons qu'il a apprises et encourage les autres à suivre les mêmes étapes vers la réussite.

Chapitre 1 : Comprendre l'auto-sabotage

Qu'est-ce que l'auto-sabotage ?

L'auto-sabotage fait référence aux actions intentionnelles ou non que les gens entreprennent et qui entravent leur propre succès ou bonheur. Il s'agit d'un modèle de comportement autodestructeur qui peut prendre de nombreuses formes différentes, notamment la procrastination, le discours intérieur négatif, la consommation excessive d'alcool ou de drogues et l'adoption de comportements à risque ou autodestructeurs.

L'auto-sabotage est un phénomène complexe et multiforme qui peut être causé par une variété de facteurs différents. Certaines causes courantes d'auto-sabotage comprennent une faible estime de soi, la peur de l'échec ou du succès, le perfectionnisme, des traumatismes passés ou des expériences négatives, et des croyances profondément enracinées sur soi-même et sur le monde.

L'une des principales façons dont l'auto-sabotage se manifeste est la procrastination. De nombreuses personnes ont tendance à reporter des tâches importantes ou à retarder la prise de décisions, même lorsqu'elles savent que cela leur nuira en fin de compte. Ce comportement peut être causé par la peur de l'échec ou la conviction que l'on n'est pas capable de réussir, ce qui conduit les gens à saper inconsciemment leurs propres efforts pour éviter la douleur de l'échec ou du rejet.

Une autre forme d'auto-sabotage est le discours intérieur négatif. Cela peut impliquer de se critiquer constamment, de se dire qu'on n'est pas assez bon ou de se concentrer sur ses défauts et ses faiblesses.

Ce type de discours intérieur peut être incroyablement préjudiciable à l'estime de soi et peut créer une prophétie auto-réalisatrice dans laquelle les croyances négatives sur soi deviennent une réalité.

La consommation excessive d'alcool ou de drogues est une autre forme d'auto-sabotage qui peut avoir de graves conséquences sur la santé physique et mentale. Les gens peuvent se tourner vers la drogue ou l'alcool pour faire face au stress, à l'anxiété ou à la dépression, mais ce faisant, ils peuvent se créer encore plus de problèmes et finir par saboter leurs relations, leur carrière et leur bien-être général.

Les comportements à risque ou autodestructeurs, comme la pratique de sports dangereux ou la conduite imprudente, sont également des formes d'auto-sabotage. Ces comportements peuvent être motivés par un besoin d'excitation ou un désir d'échapper à ses problèmes, mais ils mettent finalement sa sécurité physique en danger et peuvent avoir des conséquences à long terme pour sa santé et son bien-être.

Pour surmonter l'auto-sabotage, il est important d'abord de reconnaître et de reconnaître les modèles de comportement qui vous retiennent. Cela peut impliquer de rechercher une aide professionnelle, telle qu'une thérapie ou des conseils, pour vous aider à identifier les causes sous-jacentes de votre comportement autodestructeur et à développer des stratégies pour le surmonter.

Vous devrez peut-être également remettre en question vos croyances négatives sur vous-même et sur le monde, et apprendre à développer un état d'esprit plus positif et plus stimulant. Cela peut impliquer de pratiquer l'auto-compassion et les soins personnels, de vous fixer des objectifs réalistes et de célébrer vos succès, aussi petits soient-ils.

Surmonter l'auto-sabotage nécessite un engagement envers la conscience de soi, l'auto-réflexion et l'amélioration de soi. En reconnaissant et en traitant les comportements et les croyances qui vous retiennent, vous pouvez prendre le contrôle de votre vie et créer un avenir plus épanouissant et plus réussi pour vous-même.

Comment se manifeste-t-il dans nos vies ?

L'auto-sabotage peut également être décrit comme un modèle de comportement destructeur qui entrave la progression d'une personne vers ses objectifs et ses aspirations. C'est un état d'esprit autodestructeur qui mine le succès, le bonheur et le bien-être d'une personne. L'auto-sabotage peut se manifester de diverses manières et peut être subtil ou évident, intentionnel ou non. Comprendre les façons dont l'auto-sabotage se manifeste dans nos vies peut nous aider à le reconnaître et à prendre des mesures pour le surmonter.

L'une des formes les plus courantes d'auto-sabotage est la procrastination. La procrastination, c'est quand nous tardons à agir sur quelque chose qui est important pour nous. C'est souvent le résultat de la peur ou de l'anxiété face au résultat, et cela peut nous empêcher d'atteindre nos objectifs. Par exemple, si quelqu'un veut démarrer une nouvelle entreprise, mais qu'il tarde à prendre les mesures nécessaires, il sabote lui-même son succès potentiel.

Une autre façon dont l'auto-sabotage peut se manifester est le discours intérieur négatif. Le discours intérieur négatif, c'est quand nous utilisons un langage d'autodérision pour nous décrire ou décrire nos capacités. Il peut s'agir d'une forme subtile d'auto-sabotage qui peut saper notre confiance et nous empêcher de poursuivre nos objectifs. Par exemple, si quelqu'un veut poursuivre une nouvelle carrière, mais qu'il se dit constamment qu'il n'est pas assez bon ou assez intelligent, il sabote lui-même son succès potentiel.

L'auto-sabotage peut également se manifester dans les relations. Cela peut se manifester par une peur de l'intimité ou une peur du rejet. Ces peurs peuvent nous empêcher de nous ouvrir et de nous connecter aux autres, ce qui conduit à l'isolement et à la solitude. Par exemple, si quelqu'un est en couple mais repousse constamment son partenaire ou sabote la relation, il sabote lui-même son potentiel d'amour et de connexion.

Une autre façon dont l'auto-sabotage peut se manifester est la dépendance. La dépendance peut prendre plusieurs formes, y compris les drogues, l'alcool, la nourriture ou même les médias sociaux. La dépendance est souvent un moyen d'échapper à des émotions ou à des situations difficiles, mais elle peut aussi nous empêcher d'atteindre nos objectifs et de vivre une vie épanouie. Par exemple, si quelqu'un est dépendant à la drogue ou à l'alcool, il se peut qu'il sabote lui-même son potentiel de mener une vie saine et heureuse.

L'auto-sabotage peut également se manifester par la peur du succès. Certaines personnes peuvent craindre le succès parce qu'il s'accompagne de nouveaux défis et de nouvelles responsabilités. Cette peur peut nous empêcher de prendre des risques et de poursuivre nos rêves. Par exemple, si quelqu'un se voit offrir une promotion au travail mais la refuse parce qu'il a peur des nouvelles responsabilités, il sabote lui-même son potentiel d'évolution de carrière.

SC'estjeLe f-sabotage peut se manifester de différentes manières et il peut être difficile à reconnaître. Comprendre les façons dont l'auto-sabotage se manifeste dans nos vies peut nous aider à le reconnaître et à prendre des mesures pour le surmonter. En apprenant à identifier nos comportements d'auto-sabotage, nous pouvons nous efforcer de nous en libérer et d'atteindre nos objectifs et nos aspirations.

Pourquoi s'auto-sabote-t-on ?

L'auto-sabotage est un phénomène courant où les gens adoptent des comportements qui compromettent leur propre réussite, leur bonheur ou leur bien-être. L'auto-sabotage peut se manifester de différentes manières, telles que la procrastination, l'autocritique, le doute de soi, l'automédication ou même l'automutilation. Bien que l'auto-sabotage puisse sembler irrationnel ou contre-intuitif, il découle souvent de problèmes psychologiques ou émotionnels plus profonds qui doivent être résolus.

L'une des raisons pour lesquelles les gens s'auto-sabotent est la peur du succès. De nombreuses personnes peuvent avoir une croyance inconsciente qu'elles ne sont pas dignes de succès ou que le succès entraînera des conséquences indésirables telles que la pression, l'examen minutieux ou la responsabilité. En conséquence, ils peuvent adopter des comportements autodestructeurs qui les empêchent d'atteindre leurs objectifs ou de connaître le bonheur. Par exemple, ils peuvent tergiverser sur des tâches importantes, saboter des relations ou adopter des comportements addictifs qui procurent un soulagement temporaire mais des dommages à long terme.

Une autre raison pour laquelle les gens s'auto-sabotent est la peur de l'échec. Alors que certaines personnes peuvent craindre le succès, d'autres peuvent craindre l'échec et la honte, la déception ou le rejet qui l'accompagne. Pour éviter l'échec, ils peuvent adopter des comportements d'évitement, tels que la procrastination, le perfectionnisme ou l'auto-handicap. En fixant des normes incroyablement élevées ou en créant des excuses pour l'échec, ils peuvent se protéger du risque d'échec, mais au prix de leur croissance et de leur apprentissage.

Cependant, l'auto-sabotage peut également provenir de blessures émotionnelles plus profondes, telles que des traumatismes, des abus ou de la négligence. Les personnes qui ont vécu une douleur ou une perte émotionnelle peuvent inconsciemment recréer des situations ou des relations similaires qui reflètent leurs problèmes non résolus. Par exemple, ils peuvent choisir des partenaires émotionnellement indisponibles, adopter des comportements à risque qui se nuisent à eux-mêmes ou développer des habitudes autodestructrices qui engourdissent leur douleur. En ce sens, l'auto-sabotage peut être une forme d'auto-préservation qui tente de faire face à un traumatisme passé, mais finit par le perpétuer.

L'auto-sabotage peut être influencé par des facteurs culturels ou sociaux, tels que les rôles, les attentes ou les normes de genre. Par exemple, les femmes peuvent intérioriser des messages selon lesquels elles devraient être désintéressées, attentionnées et solidaires, et ainsi négliger leurs propres besoins et aspirations. Les hommes peuvent intérioriser des messages selon lesquels ils devraient être forts, indépendants et performants, et ainsi supprimer leur vulnérabilité et leurs émotions. De telles pressions sociales peuvent créer des conflits internes et une ambivalence qui conduisent à l'auto-sabotage.

Comprendre l'auto-sabotage nécessite une conscience de soi, de l'empathie et de l'auto-compassion. Il est important de reconnaître que l'auto-sabotage n'est pas un défaut de caractère ou un signe de faiblesse, mais un phénomène complexe et multiforme qui reflète des problèmes émotionnels ou psychologiques plus profonds. En devenant plus conscients de nos schémas d'auto-sabotage, nous pouvons commencer à remettre en question et à recadrer nos croyances, nos émotions et nos comportements de manière plus constructive et stimulante. De plus, en cultivant l'empathie et l'auto-compassion, nous pouvons apprendre à accepter et à nous pardonner nos erreurs et nos lacunes, et à développer des vies plus authentiques et épanouissantes.

L'auto-sabotage est un phénomène courant mais souvent mal compris qui peut avoir des effets profonds sur nos vies et notre bien-être. En comprenant les causes sous-jacentes et la dynamique de l'auto-sabotage, nous pouvons commencer à transformer nos schémas autodestructeurs et créer des vies plus épanouissantes et pleines de sens.

Chapitre 2 : Identifier les croyances limitantes

Que sont les croyances limitantes ?

Les croyances limitantes sont des pensées, des attitudes ou des hypothèses profondément enracinées que les individus ont sur eux-mêmes, sur les autres et sur le monde qui les entoure. Ces croyances sont souvent négatives et constituent des barrières auto-imposées qui empêchent les individus de réaliser leur plein potentiel. Ils peuvent provenir de diverses sources, notamment les expériences passées, les normes culturelles, le conditionnement social et les insécurités personnelles.

Identifier les croyances limitantes est une étape importante dans la croissance et le développement personnel. En comprenant les schémas de pensée négatifs qui nous retiennent, nous pouvons commencer à les défier et à les surmonter. Voici quelques exemples courants de croyances limitantes :

"Je ne suis pas assez bon." Cette croyance est l'une des croyances limitantes les plus courantes et peut se manifester de différentes manières. Par exemple, quelqu'un pourrait croire qu'il n'est pas assez intelligent pour réussir dans un domaine particulier, ou qu'il n'est pas assez attirant pour trouver l'amour.

"Je suis trop vieux/jeune." Cette croyance est souvent utilisée comme excuse pour ne pas poursuivre un objectif ou un rêve. Les gens peuvent penser qu'ils sont trop vieux pour retourner à l'école ou commencer une nouvelle carrière, ou trop jeunes pour assumer un rôle de leadership.

"L'argent est difficile à trouver." Cette croyance peut conduire à un état d'esprit de pénurie, où les gens croient qu'il n'y a jamais assez d'argent pour tout le monde. Cela peut conduire à la peur de prendre des risques financiers ou d'investir en soi.

"Je n'ai pas de chance." Cette croyance peut amener les gens à se sentir impuissants et découragés. Ils peuvent se sentir à la merci de forces extérieures et n'avoir aucun contrôle sur leur vie.

"Je ne mérite pas le succès/le bonheur." Cette croyance peut découler d'un sentiment d'indignité ou de culpabilité. Les gens pourraient croire qu'ils ne méritent pas le succès ou le bonheur à cause d'erreurs ou d'échecs passés.

Il n'est pas toujours facile d'identifier les croyances limitantes, car elles peuvent être profondément enracinées et inconscientes. Cependant, il existe plusieurs stratégies qui peuvent aider. Une approche consiste à prêter attention au discours intérieur négatif et à identifier les croyances sous-jacentes.

Une autre consiste à réfléchir sur les expériences passées et à identifier les schémas de comportement ou de pensée qui vous ont retenu.

Une fois que vous avez identifié vos croyances limitantes, la prochaine étape consiste à les remettre en question. Cela peut impliquer de remettre en question leur validité, d'examiner les preuves et de rechercher des contre-exemples. Il peut également être utile de recadrer la croyance d'une manière plus positive ou plus stimulante. Par exemple, au lieu de dire « je ne suis pas assez bon », vous pourriez dire « j'ai le potentiel d'apprendre et de grandir ».

Surmonter les croyances limitantes prend du temps et des efforts, mais c'est une partie essentielle de la croissance et du développement personnel. En identifiant et en défiant ces schémas de pensée négatifs, les individus peuvent se libérer des limitations qu'ils s'imposent et réaliser leur plein potentiel.

Comment nous retiennent-ils ?

Les croyances limitantes sont des croyances négatives que nous avons sur nous-mêmes, sur les autres ou sur le monde qui nous entoure, qui limitent notre potentiel et nous empêchent d'atteindre nos objectifs et de réaliser notre potentiel. Ces croyances sont souvent formées dans l'enfance en fonction de nos expériences et des messages que nous recevons de nos parents, enseignants, pairs et de la société en général. Ils peuvent également être renforcés par nos propres expériences et la façon dont nous les interprétons et leur donnons un sens.

Voici quelques exemples courants de croyances limitantes :

"Je ne suis pas assez intelligent"

"Je ne suis pas doué pour [remplir le blanc]"

"Je ne pourrai jamais [atteindre un objectif particulier]"

"Je ne mérite pas l'amour/le respect/le succès"

"Je suis trop vieux/jeune/gros/mince/etc. pour [faire quelque chose]"

Les croyances limitantes peuvent nous retenir de plusieurs façons. Ils peuvent conduire à l'auto-sabotage, car nous pouvons éviter de prendre des risques ou de poursuivre nos objectifs par peur de l'échec ou du rejet. Ils peuvent également créer une prophétie auto-réalisatrice, car nos croyances sur nous-mêmes et nos capacités peuvent devenir une réalité si nous ne les défions pas ou ne les changeons pas. De plus, les croyances limitantes peuvent nous amener à nous sentir coincés ou piégés dans nos circonstances actuelles, car nous pouvons croire que nous sommes impuissants à les changer.

Pour surmonter les croyances limitantes, il est important de commencer par les identifier et de reconnaître comment elles nous freinent. Cela peut être fait par l'auto-réflexion, la tenue d'un journal ou en travaillant avec un thérapeute ou un coach. Une fois que nous avons identifié nos croyances limitantes, nous pouvons travailler pour les remettre en question et les recadrer en recherchant des preuves qui les contredisent et en les remplaçant par des croyances plus positives et plus stimulantes.

Surmonter les croyances limitantes nécessite une volonté de sortir de nos zones de confort et de prendre des risques. Cela peut également nous obliger à rechercher le soutien des autres et à pratiquer l'auto-compassion et les soins personnels en cours de route. Avec du temps et des efforts, nous pouvons apprendre à abandonner nos croyances limitantes et libérer tout notre potentiel pour vivre une vie plus épanouissante et satisfaisante.

Comment pouvons-nous les identifier en nous-mêmes ?

Les croyances limitantes sont des idées ou des attitudes profondément enracinées que les individus ont à propos d'eux-mêmes, des autres et du monde qui les entoure. Ces croyances découlent souvent d'expériences précoces dans la vie, d'un conditionnement culturel ou sociétal, et peuvent constituer des obstacles importants à la croissance et à l'épanouissement personnels.

Il peut être difficile d'identifier limiter les croyances car ils sont souvent profondément enracinés et automatiques. Ils sont souvent façonnés par nos expériences passées, les commentaires que nous avons reçus des autres et les croyances et attitudes de ceux qui nous entourent. Certains exemples courants de croyances limitantes incluent les croyances sur nos capacités, notre valeur, notre potentiel de réussite et notre capacité à surmonter les défis.

Une façon d'identifier les croyances limitantes est de prêter attention aux pensées et aux sentiments qui surgissent face à une situation ou à un défi particulier. Par exemple, si vous vous surprenez à penser « Je ne suis pas assez bon » ou « Je ne pourrai jamais faire ça », cela peut être le signe d'une croyance limitante. De même, si vous vous sentez anxieux, effrayé ou incertain face à une situation particulière, cela peut aussi être le signe d'une croyance limitante.

Une autre façon d'identifier les croyances limitantes est d'examiner vos schémas de comportement. Évitez-vous systématiquement certaines activités ou situations parce que vous pensez que vous n'êtes pas capable de réussir ou parce que vous avez peur de l'échec ? Cherchez-vous constamment des relations ou des situations qui renforcent vos croyances sur vous-même, plutôt que de les remettre en question ? Ces schémas peuvent être le signe de croyances limitantes sous-jacentes.

Il est important de noter que l'identification des croyances limitantes n'est que la première étape pour les surmonter. Une fois que vous avez identifié une croyance limitante, vous pouvez commencer à la remettre en question et à la remplacer par des croyances plus positives et stimulantes. Cela peut impliquer de rechercher de nouvelles expériences, d'acquérir de nouvelles compétences et de vous entourer de personnes qui soutiennent et encouragent votre croissance et votre développement.

Dans l'ensemble, identifier et surmonter les croyances limitantes est une étape cruciale vers la croissance et l'épanouissement personnel. En remettant en question ces croyances et en les remplaçant par des attitudes plus positives et stimulantes, nous pouvons libérer tout notre potentiel et réaliser nos objectifs et nos rêves.

Chapitre 3 : Remettre en question les croyances limitantes

Comment pouvons-nous remettre en question et recadrer nos croyances limitantes ?

Les croyances limitantes sont des pensées négatives et autodestructrices que nous avons sur nous-mêmes, sur les autres ou sur le monde qui nous entoure. Ces croyances peuvent être profondément ancrées dans notre subconscient et peuvent nous empêcher d'atteindre notre plein potentiel. Cependant, avec un effort conscient, il est possible de remettre en question et de recadrer ces croyances pour nous permettre d'atteindre nos objectifs et de vivre une vie plus épanouissante.

La première étape pour remettre en question les croyances limitantes consiste à les identifier. Il est souvent plus facile de reconnaître les pensées négatives chez les autres que de les reconnaître en nous-mêmes. Cependant, une fois que nous prenons conscience de nos propres croyances limitantes, nous pouvons commencer à les examiner et à remettre en question leur validité.

Un moyen efficace de défier les croyances limitantes est de nous poser des questions qui remettent en question la croyance. Par exemple, si nous croyons que nous ne sommes pas assez intelligents pour atteindre un certain objectif, nous pouvons nous demander : « Est-ce vraiment vrai ? » et "Quelle preuve ai-je pour soutenir cette croyance?" Nous pouvons constater qu'il y a peu ou pas de preuves pour étayer cette croyance, et qu'elle est basée sur une expérience passée ou un commentaire négatif de quelqu'un d'autre.

Une autre façon de défier les croyances limitantes est de les recadrer. Cela signifie regarder la croyance sous un angle différent et trouver une manière plus positive ou neutre de l'exprimer. Par exemple, au lieu de dire « je ne suis pas assez bon », nous pourrions recadrer cette croyance en « j'apprends et je grandis encore, et je peux m'améliorer avec la pratique ».

Un moyen efficace de recadrer les croyances limitantes consiste à utiliser des affirmations positives. Les affirmations sont des déclarations que nous nous répétons pour renforcer des croyances et des attitudes positives. Par exemple, nous pourrions utiliser l'affirmation « Je suis capable et confiant » pour contester une croyance selon laquelle nous ne sommes pas assez bons.

Il est également important de noter que remettre en question et recadrer les croyances limitantes demande du temps et des efforts. Nous devons être patients avec nous-mêmes et pratiquer l'auto-compassion en cours de route. Il est également important de s'entourer d'influences positives, telles que des amis et une famille qui nous soutiennent, et de demander de l'aide professionnelle si nécessaire.

Remettre en question et recadrer les croyances limitantes est un outil puissant pour la croissance personnelle et l'amélioration de soi. En identifiant et en questionnant nos pensées négatives, nous pouvons créer de nouvelles croyances positives qui nous aident à atteindre nos objectifs et à vivre une vie plus épanouissante.

Quelles sont les techniques efficaces pour le faire ?

Les croyances limitantes sont des pensées profondément enracinées qui nous empêchent d'atteindre notre plein potentiel. Ils peuvent être le résultat de nos expériences passées, de notre éducation, du conditionnement sociétal ou même de notre propre discours intérieur négatif.

Ces croyances nous empêchent souvent de prendre des risques, de poursuivre nos rêves et d'atteindre nos objectifs. Cependant, la bonne nouvelle est que nous pouvons remettre en question et recadrer nos croyances limitantes en utilisant des techniques efficaces. Dans cette note, nous aborderons ces techniques en détail.

Identifiez vos croyances limitantes

La première étape pour remettre en question et recadrer vos croyances limitantes consiste à les identifier. Prenez le temps de réfléchir à vos pensées et à vos comportements, et remarquez tous les schémas ou thèmes récurrents qui vous retiennent. Notez ces croyances limitantes et explorez leurs origines. Demandez-vous d'où viennent ces croyances et si elles sont toujours pertinentes dans votre vie aujourd'hui.

Défiez vos croyances limitantes

Une fois que vous avez identifié vos croyances limitantes, il est temps de les remettre en question. Demandez-vous si ces croyances sont vraies ou simplement des suppositions. Considérez les preuves pour et contre ces croyances et évaluez leur validité. Demandez-vous si ces croyances vous servent ou vous freinent.

Recadrez vos croyances limitantes

Recadrer vos croyances limitantes signifie les regarder sous un nouveau jour. Essayez de trouver des preuves qui contredisent vos croyances limitantes et concentrez-vous sur les résultats positifs. Par exemple, si vous pensez que vous n'êtes pas assez bon pour poursuivre une certaine carrière, recadrez-la en vous concentrant sur vos compétences et vos forces qui font de vous un candidat approprié pour ce poste.

Pratiquer un discours intérieur positif

Le discours intérieur négatif est l'un des principaux coupables des croyances limitantes. Pour contrer cela, pratiquez un discours intérieur positif. Parlez-vous comme vous le feriez avec un ami. Encouragez-vous, affirmez vos capacités et concentrez-vous sur vos points forts. Cela vous aidera à changer votre état d'esprit d'un état d'esprit négatif à un état d'esprit positif.

Entourez-vous de positivité

S'entourer de personnes positives, d'affirmations et de citations peut également vous aider à remettre en question et à recadrer vos croyances limitantes. Recherchez des personnes qui vous élèvent et vous encouragent, lisez des livres inspirants ou regardez des vidéos motivantes, et affichez des affirmations ou des citations positives là où vous pouvez les voir tous les jours.

Passer à l'action

Agir est crucial pour remettre en question et recadrer vos croyances limitantes. Commencez petit en fixant des objectifs réalisables, puis travaillez vers eux. Célébrez vos progrès et utilisez-les comme preuve que vous êtes capable d'accomplir plus que vous ne le pensiez.

Remettre en question et recadrer vos croyances limitantes demande du temps, des efforts et de l'engagement. Cela vous oblige à être honnête avec vous-même, à remettre en question vos hypothèses et à agir. En utilisant ces techniques efficaces, vous pouvez surmonter vos croyances limitantes et vivre une vie plus épanouissante et satisfaisante.

Comment pouvons-nous créer de nouvelles croyances stimulantes pour remplacer les anciennes ?

Les croyances sont des forces puissantes qui façonnent nos pensées, nos émotions et nos comportements. Ils se forment souvent tôt dans la vie et sont profondément ancrés dans notre subconscient, ce qui les rend difficiles à modifier.

Les croyances limitantes, en particulier, peuvent nous empêcher d'atteindre notre plein potentiel, nous faisant douter de nous-mêmes et de nos capacités. Cependant, il est possible de remettre en question et de recadrer ces croyances, en en créant de nouvelles et stimulantes qui nous aident à atteindre nos objectifs et à vivre nos meilleures vies.

La première étape pour remettre en question et recadrer les croyances limitantes consiste à les identifier. Cela peut être fait en prêtant attention aux pensées et aux discours intérieurs qui traversent votre esprit. Lorsque vous vous retrouvez à penser des choses comme « je ne suis pas assez bon » ou « je ne pourrais jamais faire ça », notez-le. Écrivez-le si cela vous aide. Une fois que vous avez identifié vos croyances limitantes, il est temps de commencer à les remettre en question.

Un moyen efficace de défier les croyances limitantes est de vous demander si elles sont vraiment vraies. Ce n'est pas parce que vous croyez quelque chose que c'est vrai. Par exemple, si vous pensez que vous n'êtes pas assez bon, demandez-vous pourquoi vous le croyez. Y a-t-il des preuves à l'appui? Y a-t-il des exemples de votre passé où vous avez réussi ou réalisé quelque chose que vous ne pensiez pas possible ? Si c'est le cas, utilisez ces exemples pour contester votre conviction que vous n'êtes pas assez bon.

Une autre façon de défier les croyances limitantes est de les recadrer sous un jour plus positif. Par exemple, au lieu de dire « je ne suis pas assez bon », essayez de dire « je suis capable et j'ai ce qu'il faut pour réussir ». En recadrant vos croyances sous un jour plus positif, vous pouvez commencer à changer votre état d'esprit et vous voir d'une manière nouvelle et stimulante.

En plus de remettre en question et de recadrer les croyances limitantes, il est également important de créer de nouvelles croyances stimulantes pour remplacer les anciennes. Cela peut être fait en se concentrant intentionnellement sur des pensées et des affirmations positives.

Par exemple, si vous voulez croire que vous êtes confiant et capable, commencez à vous répéter régulièrement des affirmations telles que « je suis confiant et capable ». Plus vous vous concentrez sur ces croyances positives, plus elles s'ancreront dans votre subconscient.

Il est également utile de vous entourer de personnes qui croient en vous et soutiennent vos objectifs. Lorsque vous êtes entouré de positivité et d'encouragements, il est plus facile de croire en vous et en vos capacités. Recherchez des mentors, des entraîneurs ou des amis et des membres de votre famille qui peuvent vous aider à rester sur la bonne voie et à renforcer vos nouvelles croyances stimulantes.

Remettre en question et recadrer les croyances limitantes est essentiel pour la croissance personnelle et le succès. En identifiant vos croyances limitantes, en remettant en question leur validité, en les recadrant sous un jour plus positif et en vous concentrant intentionnellement sur de nouvelles croyances stimulantes, vous pouvez créer un état d'esprit qui soutient vos objectifs et vous aide à atteindre votre plein potentiel. N'oubliez pas que vos croyances façonnent votre réalité, alors choisissez-les judicieusement.

Chapitre 4 : Surmonter la peur et la procrastination

Quel est le lien entre la peur et la procrastination et l'auto-sabotage ?

L'auto-sabotage peut être défini comme tout comportement, pensée ou action qui crée des problèmes dans nos vies et entrave notre capacité à atteindre nos objectifs. La peur et la procrastination sont deux des formes les plus courantes d'auto-sabotage, et elles peuvent être particulièrement dommageables lorsqu'elles se produisent ensemble. Dans cette note, nous explorerons la relation entre la peur, la procrastination et l'auto-sabotage, et proposerons des stratégies pour surmonter ces obstacles.

Peur et procrastination : les deux faces d'une même médaille

La peur et la procrastination sont étroitement liées car elles découlent toutes deux d'un manque de confiance ou de la conviction que nous ne sommes pas capables d'atteindre nos objectifs. La peur est souvent le résultat d'expériences passées ou de croyances négatives sur nous-mêmes, tandis que la procrastination est un moyen d'éviter l'inconfort ou l'anxiété qui accompagne l'action vers nos objectifs.

Par exemple, disons que quelqu'un veut démarrer une nouvelle entreprise. Ils peuvent avoir peur de l'échec, du rejet ou de la critique, ce qui peut conduire à la procrastination. Au lieu de prendre des mesures pour atteindre leur objectif, ils peuvent se retrouver constamment à rechercher, planifier ou rechercher la validation des autres. Ce modèle de comportement peut rapidement devenir auto-sabotant, car il les empêche de prendre les mesures nécessaires pour atteindre leur objectif.

Vaincre la peur et la procrastination

Heureusement, la peur et la procrastination peuvent être surmontées avec de la pratique et de la persévérance. Voici quelques stratégies pour briser le cycle de l'auto-sabotage :

Identifiez vos peurs : Prenez le temps de réfléchir à ce dont vous avez peur et à la manière dont ces peurs peuvent avoir un impact sur votre comportement. Notez-les et demandez-vous s'ils sont basés sur des expériences passées ou sur des croyances négatives à votre sujet.

Défiez vos croyances : Une fois que vous avez identifié vos peurs, défiez les croyances qui les alimentent. Demandez-vous s'ils sont vraiment vrais et recherchez des preuves qui les contredisent. Par exemple, si vous pensez que vous n'êtes pas capable de démarrer une entreprise, souvenez-vous des moments où vous avez réussi à accomplir des tâches similaires.

Faites des petits pas : décomposez vos objectifs en étapes plus petites et plus faciles à gérer. Cela peut vous aider à surmonter le sentiment accablant de devoir tout accomplir en même temps. Commencez par quelque chose de petit, comme passer un appel téléphonique ou envoyer un e-mail, et construisez à partir de là.

Pratiquez l'auto-compassion : Soyez gentil et patient avec vous-même pendant que vous travaillez sur vos peurs et votre procrastination. N'oubliez pas que tout le monde est aux prises avec ces problèmes à un moment donné et que les progrès prennent du temps.

Cherchez du soutien : Parlez à vos amis, à votre famille ou à un thérapeute de vos peurs et de vos luttes contre la procrastination. Avoir un réseau de soutien peut vous aider à rester responsable et à vous encourager lorsque vous en avez besoin.

Fl'oreille et la procrastination sont deux formes courantes d'auto-sabotage qui peuvent nous empêcher d'atteindre nos objectifs. Cependant, avec la conscience et la pratique, nous pouvons apprendre à surmonter ces obstacles et avancer vers une vie plus épanouie et réussie.

Quelles sont les stratégies pour surmonter ces obstacles ?

La peur et la procrastination sont deux des obstacles les plus courants auxquels les gens sont confrontés lorsqu'ils essaient d'atteindre leurs objectifs. Ils peuvent empêcher les individus de poursuivre leurs rêves, de prendre des risques et de réussir. Heureusement, il existe plusieurs stratégies qui peuvent aider les individus à surmonter ces obstacles et à avancer dans leur vie.

Identifiez la source de la peur et de la procrastination : L'une des premières étapes pour surmonter la peur et la procrastination consiste à identifier la source de ces émotions. Cela peut impliquer de réfléchir à des expériences passées, d'identifier des déclencheurs ou de demander l'aide d'un thérapeute ou d'un coach. Une fois que la source de la peur et de la procrastination est comprise, il devient plus facile de s'y attaquer directement.

Fixez-vous des objectifs réalistes : Fixer des objectifs réalistes peut aider à réduire la peur et la procrastination. Cela implique de décomposer des objectifs plus importants en étapes plus petites et réalisables. En se concentrant sur ces petits objectifs, les individus peuvent créer une dynamique et gagner en confiance dans leur capacité à atteindre leurs objectifs plus larges.

Élaborer un plan d'action : L'élaboration d'un plan d'action peut aider les individus à surmonter la procrastination. Cela implique d'identifier les étapes à suivre pour atteindre un objectif et de créer un calendrier pour la réalisation de ces étapes. En ayant un plan clair en place, les individus peuvent éviter de se sentir dépassés et peuvent rester concentrés sur la tâche à accomplir.

Faites de petits pas : Faire de petits pas peut aider à surmonter la peur et la procrastination. Au lieu d'essayer de s'attaquer à un grand projet en une seule fois, les individus peuvent le décomposer en tâches plus petites qui peuvent être réalisées en un temps plus court. Cela peut aider à renforcer la confiance et l'élan, ce qui facilite la réalisation de tâches plus importantes à l'avenir.

Visualisez le succès : Visualiser le succès peut aider à réduire la peur et la procrastination. Cela implique de s'imaginer réussir une tâche ou atteindre un objectif. En se concentrant sur le résultat positif, les individus peuvent réduire leur anxiété et augmenter leur motivation à agir.

Pratiquez l'auto-compassion : La pratique de l'auto-compassion peut aider à surmonter la peur et la procrastination. Cela implique d'être gentil avec soi-même et de reconnaître qu'il est normal d'éprouver de la peur et de la procrastination. En se traitant avec gentillesse et compréhension, les individus peuvent réduire leur anxiété et augmenter leur résilience.

Obtenez du soutien : Obtenir le soutien d'amis, de votre famille ou d'un coach peut vous aider à surmonter la peur et la procrastination. Cela implique de partager ses objectifs et ses difficultés avec les autres et de rechercher leurs encouragements et leurs conseils. En ayant un système de soutien en place, les individus peuvent se sentir plus confiants et motivés à agir.

Fl'oreille et la procrastination peuvent être des obstacles importants qui empêchent les individus d'atteindre leurs objectifs. Cependant, en identifiant la source de ces émotions, en fixant des objectifs réalistes, en élaborant un plan d'action, en faisant de petits pas, en visualisant le succès, en pratiquant l'auto-compassion et en obtenant du soutien, les individus peuvent surmonter ces obstacles et avancer dans leur vie.

Chapitre 5 : Développer l'auto-compassion

Comment l'auto-compassion nous aide-t-elle à surmonter l'auto-sabotage ?

L'auto-sabotage fait référence aux comportements ou aux pensées qui empêchent les individus d'atteindre leurs objectifs ou de réaliser leur potentiel. C'est un phénomène courant qui peut se manifester sous différentes formes, telles que la procrastination, le discours intérieur négatif, le doute de soi, l'autocritique ou la peur de l'échec. L'auto-sabotage peut avoir des effets négatifs importants sur la santé mentale, l'estime de soi et le bien-être général d'une personne.

Développer l'auto-compassion est un outil puissant pour surmonter l'auto-sabotage. L'auto-compassion fait référence au fait de se traiter avec gentillesse, compréhension et acceptation sans jugement. Cela implique de reconnaître ses luttes et sa douleur sans se laisser prendre par l'auto-accusation, la honte ou l'autocritique. L'auto-compassion implique trois éléments fondamentaux : l'auto-bienveillance, l'humanité commune et la pleine conscience.

Premièrement, la bienveillance implique de se traiter avec chaleur, attention et compréhension, tout comme on traiterait un bon ami ou un être cher. Cela implique d'être solidaire et encourageant envers soi-même, plutôt que dur ou critique. Face à des comportements d'auto-sabotage ou à des pensées négatives, les individus peuvent pratiquer l'auto-bienveillance en se parlant d'une manière compatissante et rassurante. Cela peut aider à réduire le jugement de soi et l'autocritique et à promouvoir la conscience de soi et l'amélioration de soi.

Deuxièmement, l'humanité commune fait référence à la reconnaissance que ses luttes et ses défis font partie de l'expérience humaine. Tout le monde traverse des moments difficiles, fait des erreurs ou fait face à des obstacles dans sa vie. Plutôt que de se sentir isolés ou seuls dans leurs luttes, les individus peuvent trouver du réconfort et des liens en reconnaissant que d'autres ont des expériences similaires. Cela peut aider à réduire les sentiments de honte, d'isolement ou de doute de soi et à promouvoir un sentiment d'appartenance et de compassion envers soi-même et envers les autres.

DernierEn effet, la pleine conscience implique d'être présent et conscient de ses pensées, sentiments et sensations sans jugement ni attachement. La pleine conscience peut aider les individus à reconnaître les schémas et les déclencheurs d'auto-sabotage et à développer des réponses plus utiles et adaptatives. La pleine conscience peut également aider les individus à cultiver un sentiment de curiosité et d'ouverture envers leurs expériences et leurs émotions, plutôt que de les éviter ou de les supprimer.

En développant l'auto-compassion, les individus peuvent surmonter l'auto-sabotage de plusieurs manières. Premièrement, l'auto-compassion peut réduire l'autocritique et le discours intérieur négatif, qui sont des déclencheurs courants de comportements d'auto-sabotage. Lorsque les individus sont plus gentils et plus solidaires envers eux-mêmes, ils sont moins susceptibles de s'engager dans des comportements ou des pensées autodestructeurs.

Deuxièmement, l'auto-compassion peut favoriser la conscience de soi et l'amélioration de soi en permettant aux individus de reconnaître et d'apprendre de leurs erreurs et de leurs défis, plutôt que de s'enliser dans l'auto-blâme ou la honte.

Troisièmement, l'auto-compassion peut favoriser un sentiment de résilience et de motivation en procurant aux individus un sentiment de force intérieure et d'acceptation de soi. Lorsque les individus se sentent plus confiants et compatissants, ils sont plus susceptibles de poursuivre leurs objectifs et de surmonter les obstacles.

DDévelopper l'auto-compassion est un outil puissant pour surmonter l'auto-sabotage. En pratiquant la bienveillance envers soi-même, en reconnaissant l'humanité commune et en cultivant la pleine conscience, les individus peuvent réduire l'autocritique, promouvoir la conscience de soi et favoriser un sentiment de résilience et de motivation. L'auto-compassion peut aider les individus à se libérer de schémas autodestructeurs et à atteindre leur plein potentiel dans la vie.

Quelles sont les pratiques que nous pouvons utiliser pour développer l'auto-compassion ?

L'auto-compassion est une pratique puissante qui consiste à se traiter avec gentillesse, empathie et compréhension. C'est la capacité de reconnaître nos propres souffrances et douleurs sans nous juger ou rester coincé dans une boucle négative de discours intérieur. L'auto-compassion est cruciale pour notre bien-être mental et émotionnel, car elle peut nous aider à réduire le stress, à augmenter la résilience et à cultiver un plus grand sentiment d'estime de soi.

Si vous éprouvez des difficultés avec l'auto-compassion, il existe plusieurs pratiques que vous pouvez adopter pour développer cette compétence. Voici quelques-unes des façons les plus efficaces de cultiver l'auto-compassion :

Pratiquer la pleine conscience : La pleine conscience est l'acte d'être présent et conscient du moment présent sans jugement. La pratique de la pleine conscience peut vous aider à observer vos pensées et vos sentiments sans vous laisser entraîner par eux. En étant plus conscient de vos pensées, vous pouvez remarquer quand vous êtes autocritique et rediriger votre attention vers des pensées plus positives et compatissantes.

Traitez-vous comme vous traiteriez un ami : si un ami venait vous voir avec un problème ou faisait une erreur, vous répondriez probablement avec gentillesse et empathie. Essayez d'appliquer cette même approche à vous-même. Au lieu de vous critiquer ou de vous blâmer, imaginez comment vous parleriez à un ami dans la même situation et utiliseriez ce même langage de soutien et de gentillesse avec vous-même.

Défiez votre critique intérieur : Nous avons tous un critique intérieur qui peut être dur et porter des jugements. Cependant, il est important de reconnaître que cette voix n'est pas toujours précise ou utile. Lorsque vous remarquez que votre critique intérieur entre en jeu, défiez-le avec des déclarations compatissantes. Par exemple, au lieu de dire : « Je suis un tel échec », essayez de dire : « Je fais de mon mieux, et ça suffit.

Prenez soin de vous : Prendre soin de vous physiquement et émotionnellement est un aspect important de l'autocompassion. Réservez du temps pour des activités qui vous apportent joie et détente, comme faire de l'exercice, passer du temps avec vos proches ou pratiquer un passe-temps. Cela vous aidera à vous sentir plus enraciné et centré, ce qui peut augmenter votre capacité d'auto-compassion.

Écrivez-vous une lettre de compassion : Prenez le temps de vous écrire une lettre comme si vous écriviez à un ami cher. Exprimez votre gentillesse et votre compréhension envers vous-même, en reconnaissant vos forces et vos faiblesses. Cet exercice peut vous aider à vous voir sous un jour plus positif et à vous sentir plus connecté à votre propre bonté intérieure.

Cherchez le soutien des autres : Enfin, n'ayez pas peur de demander le soutien des autres. Qu'il s'agisse de parler à un thérapeute, de rejoindre un groupe de soutien ou de se confier à un ami de confiance, demander de l'aide peut être un élément important pour cultiver l'auto-compassion. Avoir un réseau de soutien peut vous aider à vous sentir moins seul et plus connecté aux autres, ce qui peut augmenter votre capacité de compassion envers vous-même et les autres.

DDévelopper l'auto-compassion est une pratique précieuse qui peut avoir un impact profond sur notre bien-être général. En incorporant ces pratiques dans votre routine quotidienne, vous pouvez commencer à changer votre état d'esprit et développer un plus grand sens de la gentillesse, de l'empathie et de la compréhension envers vous-même. N'oubliez pas que l'auto-compassion n'est pas une solution ponctuelle, mais une pratique de toute une vie qui nécessite de la patience, du dévouement et de l'amour de soi.

Chapitre 6 : Cultiver la résilience et la persévérance

Comment développer la résilience et la persévérance face aux défis ?

La vie est pleine de défis et nous y sommes tous confrontés à un moment donné de notre vie. Ces défis peuvent être physiques, émotionnels, financiers ou intellectuels. La clé pour surmonter ces défis est de développer la résilience et la persévérance.

La résilience fait référence à la capacité de rebondir après des situations difficiles, tandis que la persévérance fait référence à la capacité de continuer malgré les revers et les obstacles. Dans cette note, nous allons explorer comment nous pouvons développer ces qualités en nous-mêmes.

Pratiquer la pleine conscience

La pleine conscience est un outil puissant pour développer la résilience et la persévérance. Cela vous aide à devenir plus conscient de vos pensées et de vos émotions, ce qui peut vous aider à réguler vos réactions face à des situations difficiles. Pratiquer la pleine conscience peut également vous aider à rester concentré sur vos objectifs, même lorsque les choses deviennent difficiles.

Construire un réseau de soutien

Avoir un réseau de soutien est essentiel pour renforcer la résilience et la persévérance. Entourez-vous de personnes qui croient en vous et qui seront là pour vous soutenir lorsque les choses se corsent. Un réseau de soutien peut fournir des encouragements, des conseils et un soutien émotionnel.

Embrasser le changement

Le changement est une constante dans la vie, et apprendre à l'accepter peut vous aider à devenir plus résilient. Face à un défi, au lieu de vous concentrer sur les aspects négatifs de la situation, essayez de vous concentrer sur les opportunités qu'elle présente. Cela peut vous aider à vous adapter et à surmonter les obstacles.

Fixez-vous des objectifs réalisables

Se fixer des objectifs réalisables est essentiel pour développer la persévérance. Lorsque vous avez un objectif clair en tête, vous êtes plus susceptible de rester motivé et de continuer à surmonter les obstacles. Commencez par fixer de petits objectifs faciles à atteindre, puis progressez progressivement vers des objectifs plus importants.

Développer un état d'esprit de croissance

Un état d'esprit de croissance est la conviction que vous pouvez apprendre et grandir à partir de vos erreurs et de vos échecs. Adopter un état d'esprit de croissance peut vous aider à devenir plus résilient et à persévérer face aux défis. Au lieu de voir l'échec comme un revers, voyez-le comme une opportunité d'apprendre et de vous améliorer.

Prends soin de toi

Prendre soin de soi est essentiel pour développer la résilience et la persévérance. Assurez-vous de dormir suffisamment, de bien manger et de faire de l'exercice régulièrement. Les soins personnels peuvent également inclure des activités comme la méditation, la tenue d'un journal et passer du temps dans la nature.

Pratiquer la gratitude

Pratiquer la gratitude peut vous aider à cultiver la résilience et la persévérance en vous aidant à vous concentrer sur les aspects positifs de votre vie. Lorsque vous êtes confronté à un défi, essayez de penser à des choses pour lesquelles vous êtes reconnaissant. Cela peut aider à faire passer votre état d'esprit d'un état d'esprit négatif à un état d'esprit positif.

Ddévelopper la résilience et la persévérance est essentiel pour surmonter les défis de la vie. En pratiquant la pleine conscience, en construisant un réseau de soutien, en acceptant le changement, en fixant des objectifs réalisables, en adoptant un état d'esprit de croissance, en prenant soin de vous et en pratiquant la gratitude, vous pouvez développer ces qualités en vous et devenir mieux équipé pour faire face aux défis de la vie. N'oubliez pas que la résilience et la persévérance ne sont pas des traits que vous avez ou que vous n'avez pas ; ce sont des qualités qui peuvent être développées avec de la pratique et de la persévérance.

Quelles sont les stratégies pour rester motivé et concentré sur nos objectifs ?

La motivation est ce qui nous pousse à agir et à atteindre nos objectifs. Cependant, il n'est pas toujours facile de rester motivé et concentré, surtout face aux obstacles et aux revers. Cultiver la résilience et la persévérance peut nous aider à surmonter ces défis et à rester sur la bonne voie pour atteindre nos objectifs. Dans cette note, nous discuterons de certaines stratégies pour rester motivé et concentré grâce à la résilience et à la persévérance.

Fixez-vous des objectifs réalistes : L'une des étapes les plus importantes pour rester motivé et concentré consiste à se fixer des objectifs réalistes et réalisables. Des objectifs trop ambitieux ou irréalistes peuvent rapidement devenir accablants, entraînant frustration et découragement. Lorsque vous définissez des objectifs, tenez compte de vos ressources et capacités actuelles et décomposez-les en étapes gérables.

Construire un réseau de soutien : Avoir un réseau de soutien composé d'amis, de membres de la famille ou de collègues qui partagent vos objectifs peut être une excellente source de motivation et de responsabilité. Ces personnes peuvent vous encourager, vous conseiller et vous soutenir lorsque vous faites face à des défis et à des revers.

Restez positif : Le maintien d'une attitude positive peut faire une grande différence pour rester motivé et concentré. Essayez de vous concentrer sur les progrès que vous avez accomplis vers vos objectifs, plutôt que de vous attarder sur les défis et les revers.

Célébrez les petites victoires et utilisez-les comme motivation pour continuer.

Prendre soin de soi : Prendre soin de soi physiquement et mentalement est crucial pour rester motivé et concentré. Cela peut inclure dormir suffisamment, avoir une alimentation saine, faire de l'exercice régulièrement et pratiquer la pleine conscience ou la méditation.

Embrassez l'échec : l'échec fait naturellement partie du processus d'apprentissage, et il est important de ne pas le laisser vous dissuader d'atteindre vos objectifs. Au lieu de cela, considérez l'échec comme une opportunité d'apprendre et de grandir, et utilisez-le comme motivation pour essayer à nouveau.

Faites des pauses : Prendre des pauses peut vous aider à recharger vos batteries et à éviter l'épuisement professionnel. Lorsque vous travaillez vers un objectif, il peut être facile de se laisser prendre par la tâche à accomplir et d'oublier de prendre soin de vous. Faites des pauses régulières pour vous reposer, vous détendre et recharger votre énergie.

Visualiser le succès : La visualisation est un outil puissant pour rester motivé et concentré. Prenez le temps de vous visualiser en train d'atteindre vos objectifs, ainsi que la satisfaction et le bonheur qui en découlent. Cela peut vous aider à rester motivé et concentré lorsque vous faites face à des défis ou à des revers.

CCultiver la résilience et la persévérance est essentiel pour rester motivé et concentré sur nos objectifs. En fixant des objectifs réalistes, en construisant un réseau de soutien, en restant positif, en prenant soin de soi, en acceptant l'échec, en prenant des pauses et en visualisant le succès, nous pouvons surmonter les défis et rester sur la bonne voie pour atteindre nos objectifs.

Chapitre 7 : Créer un environnement favorable

Comment pouvons-nous créer un environnement favorable qui encourage notre réussite ?

La création d'un environnement favorable est essentielle pour réussir dans divers aspects de la vie, y compris les efforts personnels, académiques et professionnels. Un environnement favorable est un environnement qui favorise la croissance, encourage les comportements positifs et fournit les ressources nécessaires pour que les individus atteignent leurs objectifs. Dans cette note, nous discuterons de diverses façons de créer un environnement favorable qui peut encourager le succès.

Entourez-vous de personnes positives : les personnes avec lesquelles vous passez du temps peuvent avoir un impact significatif sur votre réussite. Entourez-vous de personnes positives, qui vous soutiennent et qui vous motivent à atteindre vos objectifs. Côtoyer des personnes qui croient en vous et en vos capacités peut renforcer votre confiance et vous aider à rester concentré sur vos objectifs.

Identifiez vos objectifs : L'identification de vos objectifs est cruciale pour créer un environnement favorable. Avoir des objectifs clairs et définis vous aide à prioriser votre temps et votre énergie. Il vous aide également à identifier les personnes, les ressources et les environnements qui soutiendront votre réussite.

Créer un espace positif : La création d'un environnement positif est cruciale pour maintenir un environnement favorable. Entourez-vous de choses qui vous rendent heureux, comme des plantes, des photos ou des œuvres d'art. Un espace encombré et désorganisé peut créer des distractions et affecter votre productivité.

Restez organisé : Être organisé est la clé du succès. Créez un système qui vous aide à rester au top de vos tâches, comme un planificateur, un calendrier ou une liste de tâches. Cela vous aidera à rester concentré et à éviter de vous sentir dépassé.

Cherchez du soutien : La recherche de soutien est essentielle pour créer un environnement favorable. Contactez votre famille, vos amis, vos mentors ou vos collègues pour obtenir des conseils, des conseils et des commentaires. Ces personnes peuvent vous fournir des critiques constructives et vous aider à identifier les domaines à améliorer.

Investissez en vous-même : Investir en vous-même est crucial pour créer un environnement favorable. Prenez le temps d'acquérir de nouvelles compétences, assistez à des ateliers ou à des conférences, ou participez à des activités qui favorisent la croissance personnelle. Cela vous aidera à rester motivé et inspiré pour atteindre vos objectifs.

Célébrez vos réussites : Célébrer vos réussites est crucial pour maintenir un environnement favorable. Reconnaissez vos réalisations, aussi minimes soient-elles, et récompensez-vous pour votre travail acharné. Cela vous aidera à rester motivé et déterminé à atteindre vos objectifs.

CCréer un environnement favorable est essentiel pour réussir. Entourez-vous de personnes positives, identifiez vos objectifs, créez un espace positif, restez organisé, recherchez du soutien, investissez en vous et célébrez vos réussites. En suivant ces conseils, vous pouvez créer un environnement favorable qui encourage votre réussite et vous aide à atteindre vos objectifs.

Quel rôle jouent nos relations, nos habitudes et notre environnement pour surmonter l'auto-sabotage ?

L'auto-sabotage est un problème courant auquel de nombreuses personnes sont confrontées lorsqu'elles tentent d'atteindre leurs objectifs. C'est un modèle de comportement où une personne sape inconsciemment ses propres efforts et progrès, entraînant des sentiments de frustration, de déception et d'échec. L'auto-sabotage peut se manifester de différentes manières, telles que la procrastination, le doute de soi, le discours intérieur négatif et la peur du succès, entre autres. Surmonter l'auto-sabotage est un processus complexe qui implique plusieurs facteurs, notamment nos relations, nos habitudes et notre environnement.

Nos relations jouent un rôle crucial pour surmonter l'auto-sabotage. Les personnes dont nous nous entourons peuvent soit soutenir, soit entraver nos efforts pour atteindre nos objectifs. Il est important d'avoir un réseau de soutien composé d'amis, de membres de la famille ou de mentors qui peuvent nous encourager et nous motiver à poursuivre nos rêves. Ils peuvent fournir un soutien émotionnel, offrir des commentaires constructifs et nous tenir responsables de nos actions. D'autre part, des relations négatives ou peu favorables peuvent alimenter le doute de soi, la peur et l'insécurité, ce qui peut exacerber les comportements d'auto-sabotage.

En plus de nos relations, nos habitudes jouent également un rôle important pour surmonter l'auto-sabotage. Nos habitudes sont les petites actions cohérentes que nous entreprenons chaque jour, et elles peuvent soit contribuer à notre succès, soit l'entraver. Développer des habitudes positives, comme prendre soin de soi, se fixer des objectifs clairs et hiérarchiser les tâches, peut nous aider à rester sur la bonne voie et à éviter les comportements d'auto-sabotage. À l'inverse, les habitudes négatives, telles que la procrastination, l'autocritique et la distraction, peuvent faire dérailler nos progrès et rendre plus difficile le dépassement de l'auto-sabotage.

Aussi, notre environnement joue également un rôle important pour surmonter l'auto-sabotage. Notre environnement physique, y compris notre maison, notre lieu de travail et nos paramètres sociaux, peut soit favoriser, soit entraver notre capacité à atteindre nos objectifs. Créer un environnement favorable signifie éliminer les distractions, organiser notre espace et nous entourer d'influences positives. Par exemple, si nous voulons faire de l'exercice régulièrement, créer un espace d'entraînement désigné dans notre maison ou rejoindre une communauté de fitness de soutien peut nous aider à rester motivés et cohérents.

OLutter contre l'auto-sabotage nécessite une approche holistique qui tient compte de nos relations, de nos habitudes et de notre environnement. En établissant des relations positives, en cultivant des habitudes saines et en créant un environnement favorable, nous pouvons augmenter notre résilience et surmonter les comportements d'auto-sabotage. Il est important de reconnaître que surmonter l'auto-sabotage est un processus qui demande du temps et des efforts, mais avec les bons outils et le bon soutien, il est possible d'atteindre nos objectifs et de vivre une vie épanouie.

Chapitre 8 : Maintenir les progrès et aller de l'avant

Comment pouvons-nous maintenir nos progrès et continuer à avancer?

Maintenir les progrès et continuer à avancer sont essentiels pour la croissance personnelle et la réalisation de nos objectifs. Le processus de progrès est sans fin et son maintien nécessite des efforts et un dévouement constants. Voici quelques conseils sur la façon de maintenir les progrès et de continuer à avancer :

Fixer des objectifs clairs : L'un des facteurs clés pour maintenir les progrès est de fixer des objectifs clairs et réalisables. Les objectifs agissent comme une feuille de route et nous aident à rester concentrés et motivés. Assurez-vous de définir des objectifs spécifiques, mesurables, réalisables, pertinents et limités dans le temps (SMART). Avoir un objectif clair nous aide à hiérarchiser nos tâches et à rester sur la bonne voie.

Développer de bonnes habitudes : les habitudes sont les éléments constitutifs du progrès. De bonnes habitudes telles que se lever tôt, faire de l'exercice régulièrement, avoir une alimentation saine et lire des livres peuvent nous aider à maintenir nos progrès et à continuer d'avancer. Il faut du temps et de la constance pour développer de bonnes habitudes, mais une fois qu'elles feront partie de notre routine, elles deviendront sans effort.

Suivez vos progrès : le suivi des progrès est essentiel pour les maintenir. Cela nous aide à identifier ce qui fonctionne et ce qui ne fonctionne pas. Le suivi des progrès nous donne également un sentiment d'accomplissement et nous motive à continuer. Tenez un journal, utilisez une application ou créez une feuille de calcul pour suivre régulièrement vos progrès.

Entourez-vous de personnes positives : les personnes dont nous nous entourons ont un impact significatif sur nos progrès. S'entourer de personnes positives et solidaires peut nous aider à rester motivés et inspirés. D'autre part, les personnes négatives et peu favorables peuvent épuiser notre énergie et entraver notre progression.

Apprenez des revers : les revers et les échecs font partie du progrès. Il est essentiel d'apprendre d'eux et de les utiliser comme une opportunité de grandir. Au lieu de vous décourager, analysez ce qui ne va pas et élaborez un plan pour le surmonter. Utilisez les revers comme une opportunité d'apprentissage et continuez d'avancer.

Restez flexible : Le progrès n'est pas toujours un chemin linéaire. Il est important de rester flexible et de s'adapter aux circonstances changeantes. Parfois, nous pouvons avoir besoin d'ajuster nos objectifs ou de changer notre approche. Être ouvert au changement et rester flexible peut nous aider à maintenir nos progrès et à continuer d'avancer.

MMaintenir les progrès et continuer d'avancer est un processus continu qui exige des efforts, du dévouement et de la constance. En fixant des objectifs clairs, en développant de bonnes habitudes, en suivant les progrès, en nous entourant de personnes positives, en apprenant des revers et en restant flexible, nous pouvons maintenir nos progrès et atteindre nos objectifs. N'oubliez pas que le progrès n'est pas une destination mais un voyage. Profitez du voyage et continuez d'avancer !

Quelles sont les stratégies pour éviter les rechutes et rester fidèles à nos objectifs ?

Lorsque vous vous efforcez d'atteindre un objectif, le voyage peut être rempli de rebondissements. Même lorsque nous réussissons à atteindre le résultat souhaité, il peut être difficile de maintenir nos progrès et d'éviter les rechutes. Cependant, avec les bonnes stratégies en place, nous pouvons rester attachés à nos objectifs et aller de l'avant avec confiance. Voici quelques stratégies pour éviter les rechutes et rester fidèles à nos objectifs :

Identifiez les déclencheurs et planifiez en conséquence : Il est important d'identifier les déclencheurs qui peuvent entraîner une rechute ou un revers. Une fois identifiés, nous pouvons planifier et nous préparer à ces déclencheurs en développant des mécanismes d'adaptation ou en recherchant le soutien d'amis ou de professionnels.

Fixez-vous des objectifs réalistes : Il est essentiel de fixer des objectifs réalisables pour maintenir les progrès et éviter les rechutes. Des objectifs irréalistes peuvent entraîner de la frustration et un manque de motivation. Nous devons fixer des objectifs ambitieux mais réalisables et célébrer chaque étape franchie.

Célébrez le succès : Célébrer le succès peut être un puissant facteur de motivation. Lorsque nous célébrons nos réalisations, nous créons un renforcement positif qui peut nous aider à maintenir nos progrès et à éviter les rechutes.

Créer un système de soutien : Avoir un système de soutien solide peut nous aider à rester engagés envers nos objectifs. Les amis, la famille ou les professionnels peuvent fournir des encouragements, de la motivation et de la responsabilité.

Apprenez des revers : les revers font naturellement partie de tout cheminement vers un objectif. Au lieu d'abandonner, nous devrions utiliser les revers comme une opportunité d'apprendre et de grandir. En analysant ce qui n'a pas fonctionné, nous pouvons développer des stratégies pour éviter des revers similaires à l'avenir.

Prendre soin de soi : Prendre soin de soi est essentiel pour maintenir les progrès et éviter les rechutes. Nous devrions donner la priorité aux activités qui favorisent notre bien-être physique, émotionnel et mental, comme l'exercice, la méditation ou les loisirs.

Restez concentré : Rester concentré sur nos objectifs peut nous aider à maintenir nos progrès et à éviter les rechutes. Nous devons prioriser notre temps et notre énergie vers nos objectifs et éviter les distractions ou les activités qui peuvent entraver nos progrès.

UNÉviter les rechutes et rester fidèle à nos objectifs nécessite des efforts, de la planification et de la détermination. En mettant en œuvre ces stratégies et en restant concentrés sur le résultat souhaité, nous pouvons maintenir les progrès et avancer en toute confiance. N'oubliez pas que les revers font naturellement partie du cheminement vers le succès, mais avec le bon état d'esprit et le bon soutien, nous pouvons les surmonter et atteindre nos objectifs.

Conclusion

Résumé des principaux plats à emporter

L'auto-sabotage est un phénomène courant qui peut empêcher les gens d'atteindre leurs objectifs et de mener une vie épanouie. Cela se produit lorsque des individus adoptent des comportements ou des schémas de pensée qui entravent leur progression, même lorsqu'ils ont les compétences et les capacités nécessaires pour réussir. Pour surmonter l'auto-sabotage, il faut briser les croyances limitantes, qui sont des pensées ou des croyances négatives qui empêchent les individus d'atteindre leur potentiel. Voici quelques conseils clés pour surmonter l'auto-sabotage et réussir en brisant les croyances limitantes.

Identifiez vos croyances limitantes : La première étape pour surmonter l'auto-sabotage consiste à identifier vos croyances limitantes. Ces croyances sont souvent profondément ancrées dans notre subconscient et peuvent être difficiles à reconnaître. Cependant, en prêtant attention à votre discours intérieur et à vos schémas de pensée, vous pouvez commencer à identifier les croyances qui vous retiennent.

Défiez vos croyances limitantes : Une fois que vous avez identifié vos croyances limitantes, il est essentiel de les remettre en question. Demandez-vous s'ils sont basés sur des faits ou des hypothèses. Vous aident-ils ou vous gênent-ils ? Quelles preuves avez-vous pour soutenir ou réfuter ces croyances ? Remettre en question vos croyances limitantes est la clé pour les dépasser.

Changez votre discours intérieur : Votre discours intérieur est la voix dans votre tête qui vous dit quoi faire et comment vous sentir. Si votre discours intérieur est négatif, il peut renforcer vos croyances limitantes et conduire à l'auto-sabotage. Pour surmonter l'auto-sabotage, vous devez changer votre discours intérieur pour être positif et responsabilisant. Au lieu de dire « je ne peux pas faire ça », dites « je peux faire ça et je réussirai ».

Pratiquez l'auto-compassion : Il est facile d'être dur avec nous-mêmes lorsque nous n'atteignons pas nos objectifs. Cependant, être autocritique peut renforcer les croyances limitantes et conduire à l'auto-sabotage. Pour surmonter l'auto-sabotage, vous devez pratiquer l'auto-compassion. Traitez-vous avec gentillesse et compréhension, comme vous le feriez pour un ami qui traverse une période difficile.

Passez à l'action : pour briser les croyances limitantes, il faut agir. Il ne suffit pas simplement d'identifier et de remettre en question vos croyances ; vous devez prendre des mesures pour les surmonter. Commencez petit en fixant des objectifs réalisables et en prenant des mesures pour les atteindre. Célébrez vos succès, aussi petits soient-ils, et utilisez-les comme motivation pour continuer.

Obtenez de l'aide : surmonter l'auto-sabotage peut être difficile, et il est essentiel d'avoir un système d'assistance en place. Entourez-vous de personnes qui croient en vous et en vos capacités. Cherchez un coach ou un thérapeute qui peut vous aider à identifier et à surmonter vos croyances limitantes.

OPour vaincre l'auto-sabotage, il faut briser les croyances limitantes. En identifiant et en défiant vos croyances limitantes, en changeant votre discours intérieur, en pratiquant l'auto-compassion, en agissant et en obtenant du soutien, vous pouvez surmonter l'auto-sabotage et réussir. Rappelez-vous, briser les croyances limitantes prend du temps et des efforts, mais les récompenses en valent la peine.

Derniers mots d'encouragement et d'inspiration

Surmonter l'auto-sabotage et réussir peut être un voyage difficile, mais c'est incroyablement gratifiant. Beaucoup d'entre nous luttent contre des croyances limitantes qui nous empêchent d'atteindre notre plein potentiel. Ces croyances peuvent prendre plusieurs formes, comme le sentiment que nous ne sommes pas assez bons ou que le succès n'appartient qu'aux autres. Surmonter ces croyances nécessite une réflexion sur soi, un travail acharné et une volonté de remettre en question nos hypothèses sur nous-mêmes et sur le monde qui nous entoure.

L'une des premières étapes pour surmonter l'auto-sabotage consiste à identifier les croyances limitantes qui nous retiennent. Ces croyances peuvent être profondément enracinées et difficiles à voir, mais avec de la patience et de la conscience de soi, elles peuvent remonter à la surface. Une fois que nous avons identifié nos croyances limitantes, nous pouvons commencer à les remettre en question. Nous pouvons nous demander s'ils sont vraiment vrais ou s'ils nous retiennent simplement. Souvent, nous constaterons que nos croyances sont basées sur la peur et non sur la réalité.

Une autre étape importante pour surmonter l'auto-sabotage consiste à développer un état d'esprit de croissance. Cela signifie que nous considérons les défis comme des opportunités de croissance et d'apprentissage plutôt que comme des menaces à notre estime de soi. Lorsque nous avons une mentalité de croissance, nous sommes plus susceptibles de prendre des risques et d'essayer de nouvelles choses, même si nous ne sommes pas sûrs de réussir. Nous reconnaissons que l'échec fait naturellement partie du processus d'apprentissage et que nous pouvons toujours apprendre de nos erreurs.

Pour développer un état d'esprit de croissance, il peut être utile de se concentrer sur le processus d'apprentissage plutôt que sur le résultat. Cela signifie que nous valorisons les efforts que nous déployons plutôt que les seuls résultats que nous obtenons. Nous devons également être disposés à rechercher des commentaires et à apprendre des autres. Lorsque nous sommes ouverts aux commentaires, nous pouvons voir plus clairement nos forces et nos faiblesses et utiliser ces informations pour nous améliorer.

Enfin, il est important de s'entourer de personnes solidaires qui croient en nous et en nos capacités. Lorsque nous avons un solide réseau de soutien, nous sommes plus susceptibles de rester motivés et de persévérer face aux défis. Nous pouvons également apprendre des succès et des échecs des autres et utiliser ces connaissances pour éclairer notre propre cheminement.

Ovaincre l'auto-sabotage et atteindre le succès est un voyage qui nécessite une réflexion sur soi, un travail acharné et une volonté de remettre en question nos croyances limitantes. En identifiant ces croyances, en développant un état d'esprit de croissance et en nous entourant de personnes qui nous soutiennent, nous pouvons dépasser nos limites auto-imposées et atteindre nos objectifs. N'oubliez pas que le succès n'est pas seulement pour les autres - c'est pour nous tous, si nous sommes prêts à travailler pour cela.

Made in the USA
Columbia, SC
29 November 2023